Grands Événements | numéro **36**

LA GUERRE DE TROIE
L'ULTIME COMBAT D'ACHILLE

— Aux sources d'un conflit mythique

par Benoît-J. Pédretti

50MINUTES

DEVENEZ INCOLLABLE
EN HISTOIRE !

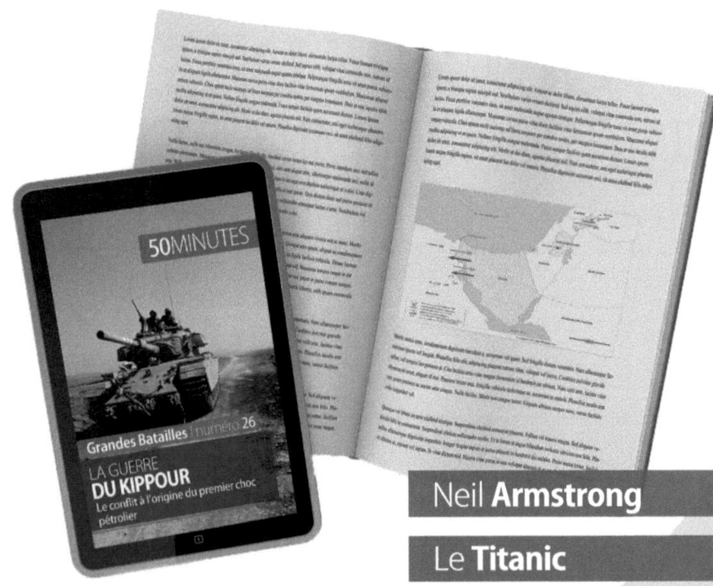

LA GUERRE DE TROIE

- **Quand ?** Au milieu du xiiie ou au début du xiie siècle av. J.-C.
- **Où ?** En Grèce et en Asie Mineure.
- **Contexte ?** À l'occasion d'une ambassade en Grèce, Pâris, fils du roi de Troie, enlève Hélène, reine de Sparte. Les cités grecques envoient alors leurs armées à Troie dans le but de reprendre la jeune femme. Selon Homère, une guerre longue de dix ans s'ensuit.
- **Protagonistes principaux ?**
  - Hélène, reine de Sparte.
  - Ménélas, roi de Sparte, époux d'Hélène et frère d'Agamemnon.
  - Agamemnon, roi de Mycènes, frère de Ménélas.
  - Achille, roi des Myrmidons.
  - Patrocle, ami et cousin d'Achille.
  - Ulysse, roi d'Ithaque.
  - Priam, roi de Troie.
  - Hector et Pâris, princes de Troie.
- **Répercussions ?**

  Après de nombreuses péripéties, la guerre de Troie s'achève par la prise et la destruction de la ville par les Achéens (nom donné aux Grecs de l'époque). Les vaillants guerriers, tant achéens que troyens, sont tombés les uns après les autres au combat. Achille lui-même, demi-dieu, périt d'une flèche plantée dans son talon. Ceux qui en réchappent se dispersent en Méditerranée pour fonder d'illustres cités. C'est le cas notamment d'Énée dont le descendant, Romulus, érigera la ville de Rome.

La guerre de Troie, épopée épique de l'Antiquité grecque, prend sa source dans la lutte entre les hommes et les dieux. Aphrodite promet à Pâris l'amour de la plus belle femme du monde. Fort de cet appui, il enlève Hélène, qui est la plus ravissante à ses yeux, et se réfugie avec elle à Troie.

Ménélas, qui entend reprendre son épouse, sollicite son frère Agamemnon, qui règne sur Mycènes, la plus puissante des cités grecques d'alors. Ce dernier fédère derrière lui les armées de toutes les cités et monte contre Troie la plus gigantesque expédition militaire jamais conduite par les Grecs. Cette formidable armada débarque sur les plages de Troie. L'attaque est repoussée à diverses reprises, car Hector organise une farouche résistance derrière les hautes murailles de la ville, réputées imprenables. Avec l'aide décisive d'Achille et des Myrmidons, après de nombreux combats épiques et la célèbre ruse du cheval de Troie, la ville est enfin prise et saccagée. Hélène est ramenée à Sparte. Plusieurs héros, dont Achille, Hector et Pâris trouvent la mort durant le combat, mais leurs aventures, comme leur légende, perdurent à travers les siècles.

CONTEXTE

LE MARIAGE D'HÉLÈNE ET LE SERMENT DE TYNDARE

Lorsqu'Hélène, la fille de Tyndare, le roi de Sparte, est en âge de se marier, sa beauté légendaire attire de nombreux prétendants. Tous les rois et chefs de guerre achéens briguent sa main. Tyndare ne souhaite pas fâcher ces rois puissants, car une maladresse de sa part pourrait ranimer les querelles intestines entre les cités. Ulysse, roi d'Ithaque, lui souffle alors le moyen d'y échapper, sans doute le fait-il avec l'espoir d'impressionner le père pour emporter la fille. Suivant ses conseils, un cheval est sacrifié et sa peau jetée à terre. Tous les prétendants d'Hélène sont alors invités à se réunir sur celle-ci. Le geste est symbolique : ils doivent prêter le serment de s'allier en une coalition unique qui viendrait combattre quiconque tenterait un jour de ravir Hélène à son nouvel époux. Ce serment astucieux permet de s'assurer qu'aucun d'entre eux ne viendra troubler la paix grecque après le mariage de la jeune femme.

Selon certaines sources, Hélène choisit elle-même le plus cher à son cœur, Ménélas. Toutefois, il est plus probable que son père l'ait désigné personnellement, Ménélas étant le plus riche des prétendants. Il lui confie son trône en même temps que sa fille.

LA POMME DE LA DISCORDE

Les *Chants cypriens*, épopée dont les événements se déroulent avant ceux de *l'Iliade*, nous rapportent qu'Éris, la déesse de la Discorde, désire se venger de n'avoir pas été invitée aux noces de Pélée et

Thétis sur le mont Olympe. Pour ce faire, elle décide de jeter au milieu du banquet une pomme d'or portant l'inscription « Pour la plus belle », sans avoir précisé au préalable à qui elle était réellement destinée. Toutes les déesses la réclament, mais seules Héra, l'épouse de Zeus, Athéna, la déesse de la Guerre, et Aphrodite, la déesse de l'Amour, restent en lice. Pour les départager, un jugement extérieur est requis : ce sera celui d'un simple mortel. Les trois déesses sont conduites sur le mont Ida, près de Troie, où un jeune berger est prié de les départager. En échange de son choix, Héra lui promet le pouvoir sur les mortels, Athéna la victoire au combat, et Aphrodite l'amour de la plus belle femme du monde. Le berger, qui n'est autre que Pâris, offre la pomme d'or à Aphrodite, et obtient ainsi la protection de la déesse et l'amour. Tout le monde ignore encore qu'il est le fils du roi de Troie. Quant à la plus belle femme du monde, il s'agit pour lui d'Hélène, la nouvelle épouse du roi de Sparte.

Le Jugement de Pâris, tableau de Rubens, 1632-1635.

L'ENLÈVEMENT D'HÉLÈNE

Lors d'une guerre antérieure, le roi de Salamine, Télamon, avait enlevé Hésione, la sœur de Priam, le roi de Troie. Une fois les tensions apaisées entre Troie et la Grèce, Priam envoie une ambassade de paix auprès des cités grecques, menée par ses deux fils, Hector, l'aîné, et Pâris, le cadet. Certains récits suggèrent que l'objectif de cette ambassade aurait été de réclamer le retour d'Hésione.

Quel qu'en soit le but exact, la délégation est reçue avec bienveillance dans toutes les cités achéennes. À Sparte, le nouveau roi Ménélas les reçoit avec faste. Celui-ci est toutefois appelé en Crète au chevet de son grand-père qui se meurt. Pâris s'éprend de la reine Hélène. Consentante et amoureuse ou, selon d'autres sources, enlevée de force, Hélène embarque à bord de la flotte qui ramène les Troyens en Asie Mineure. Elle y est accueillie par Priam, et épouse aussitôt Pâris.

L'Enlèvement d'Hélène, tableau de Guido Reni, 1626.1629.

Si les Troyens considèrent que l'enlèvement d'Hélène révèle la volonté de la déesse Aphrodite, les Achéens, eux, respectent le serment fait à Tyndare et forment une coalition contre un ennemi extérieur commun, le ravisseur d'Hélène.

La guerre de Troie est déclarée.

BIOGRAPHIE DES PROTAGONISTES PRINCIPAUX

LES ACHÉENS

Hélène, reine de Sparte

Hélène est la fille du roi de Sparte Tyndare et de son épouse, Léda. Toutefois, plusieurs récits épiques lui attribuent une illustre paternité, celle de Zeus. D'une beauté incomparable, elle aurait déjà été enlevée quelques années auparavant par Thésée, le roi d'Athènes, puis secourue par ses frères, les jumeaux Castor et Pollux.

Son père décide de la marier à Ménélas, à qui il confie également son trône : Hélène devient alors reine de Sparte. Enlevée par Pâris, elle est à l'origine de l'épopée la plus célèbre de l'Antiquité, celle de la guerre de Troie. À la chute de Troie et après la mort de son ravisseur, elle est rendue à son premier époux. Souhaitant assouvir sa vengeance pour l'humiliation qu'il a subie, Ménélas envisage d'abord de l'assassiner, mais, tombant à nouveau sous son charme, il décide finalement de la ramener avec lui. Ce voyage de retour à travers la Méditerranée dure huit ans.

À la mort de Ménélas, les Spartiates chassent Hélène. Elle est alors contrainte de se réfugier à Rhodes. Tenue pour responsable de la mort du roi de la cité durant l'assaut de Troie, elle est assassinée dans son bain par les servantes de la reine Polyxo. Son corps est ensuite pendu à un arbre et exposé à la vindicte populaire.

Objet d'un culte à Sparte durant des siècles, elle est l'héroïne dont les récits mythologiques ont porté jusqu'à nous la beauté légendaire et époustouflante.

Ménélas, roi de Sparte, époux d'Hélène et frère d'Agamemnon

Ménélas est le fils cadet d'Atrée, le roi de Mycènes, et de son épouse, Aéropé. Élevé avec son frère aîné Agamemnon et leur sœur Anaxibie, il est exilé enfant par son cousin Égisthe. Devenu adulte, il aide son frère à récupérer le trône de Mycènes. Malgré les nombreux soupirants d'Hélène, c'est lui qui obtient de Tyndare la main de sa fille ainsi que le trône de Sparte. De ce mariage naissent deux enfants, Hermione et Nicostrate.

Retenu en Crète durant l'ambassade troyenne à Sparte, il ne peut s'opposer à l'enlèvement de son épouse. Informé de son infortune, il se rend chez Agamemnon pour lui demander son soutien et l'aide des Achéens qui avaient prêté serment. Il prend ensuite la tête d'une ambassade aux côtés d'Ulysse et se rend à Troie pour réclamer sa femme. Homère raconte comment, lors de l'assaut de la ville, il aperçoit Pâris dans la mêlée et vient lui livrer combat. Ce dernier se retire *in extremis*, ce qui lui sauve la vie. Ne pouvant assouvir sa vengeance, Ménélas redouble de férocité. Combattant aguerri, il est l'un de ceux qui s'introduisent dans Troie par la célèbre ruse du cheval de bois. Il y retrouve son épouse et la reconduit à Sparte après avoir rempli d'or les cales de son vaisseau. Il termine paisiblement sa vie à Sparte.

Décrit dans les textes comme un bravache fougueux à l'épaisse crinière blonde, il est considéré comme le plus déshonoré des Grecs, selon Hypénor (guerrier grec), et demeure, au final, un personnage secondaire de la guerre de Troie.

Agamemnon, roi de Mycènes, frère de Ménélas

Agamemnon est le fils aîné d'Atrée, le roi de Mycènes. Il épouse Clytemnestre, l'autre fille du roi de Sparte, dont il aura quatre enfants : Chrysothémie, Électre, Iphigénie et Oreste. À la mort de son père et après le coup d'État d'Égisthe, Agamemnon monte sur le trône de Mycènes, qui est alors la cité la plus puissante de Grèce. Suite à l'enlèvement d'Hélène, il est choisi par les Achéens pour conduire l'expédition contre Troie. Il reste le chef de l'armée durant toute la guerre.

Une fois le combat terminé, il retourne à Mycènes, où il est assassiné par Égisthe, qui avait séduit son épouse. Pindare (poète grec, 518-438 av. J.-C.) va jusqu'à affirmer que Clytemnestre aurait elle-même tué son mari.

Achille, roi des Myrmidons

Achille est le fils de Pélée, roi des Myrmidons, et de la déesse Thétis. Demi-dieu, il demeure le véritable héros de la guerre de Troie. Élevé à Larissa par sa mère, il lui est proposé de choisir son destin : il aura soit une vie courte mais auréolée de gloire au point que, des siècles après sa mort, son nom restera illustre ; soit, au contraire, une existence longue et paisible, mais totalement anonyme. Achille choisit la gloire.

Alors qu'il s'est longtemps tenu à l'écart de la guerre de Troie, il est finalement persuadé par Ulysse d'apporter son soutien à l'armée achéenne. À la tête de ses guerriers d'élite, les Myrmidons, il confère un avantage décisif aux Grecs jusqu'à ce qu'il se retire du combat suite à une querelle l'opposant à Agamemnon. C'est la mort de son ami Patrocle qui le pousse à retourner sur le champ de bataille afin de le venger. Il y affronte Hector, le fils de Priam, qu'il tue avant d'être lui-même la victime d'une flèche fatale décochée par Pâris, qui l'atteint au talon.

Patrocle, ami et cousin d'Achille

Patrocle, fils de Ménétios, est l'ami intime et également le cousin d'Achille, qu'il accompagne à Troie dont il est à la fois l'écuyer et le messager. Il est à noter qu'Homère est le seul à omettre de mentionner les relations intimes qui unissent très étroitement Patrocle et Achille.

Durant la guerre, lorsqu'Achille se retire du combat sous sa tente, Patrocle lui emprunte ses armes et conduit les Myrmidons sur le champ de bataille. Il y est tué en combat singulier par Hector, et sa dépouille est ramenée à Achille. Fou de douleur, celui-ci reprend les armes et venge son ami en tuant Hector. Patrocle est incinéré sur un gigantesque bûcher, et des jeux funéraires grandioses sont organisés en son honneur.

Ulysse, roi d'Ithaque

Fils de Laërce et d'Anticlée, Ulysse est le roi d'Ithaque et de quelques îles aux alentours. Il épouse Pénélope, la fille d'Icarios et de Péribée. De cette union naît un fils, Télémaque.

Ulysse est présent dès le début de la guerre de Troie. Dans le camp achéen, il fait figure de roi sage et rusé. Il est d'ailleurs chargé de toutes les ambassades et négociations, avant et pendant la guerre. On le dit également instigateur de la ruse du cheval de bois.

Il est en outre le héros de l'*Odyssée*, l'autre épopée d'Homère, qui raconte comment, au retour de la guerre de Troie, Ulysse ère sur la mer Ionienne durant un long périple maritime au cours duquel il rencontre la magicienne Circé et le cyclope Polyphème. Disparu pendant 20 ans, il est présumé mort à Ithaque, où son épouse Pénélope fait patienter tous les prétendants au trône qui souhaitent l'épouser. Ayant promis qu'elle choisirait son nouveau mari une fois sa tapisserie achevée, elle veille à défaire chaque soir le travail réalisé durant la journée. De retour à Ithaque, Ulysse recouvre son trône et sa famille. Selon Homère, il connaît une vie paisible jusqu'à sa mort.

LES TROYENS

Priam, roi de Troie

Priam, fils de Laomédon et de Strymo, est le roi de Troie lorsque la guerre éclate. Mari d'Hécube, il est le père de très nombreux enfants, dont les princes Hector et Pâris. Décrit par Homère comme un roi sage, juste et bon, il envoie ses fils en ambassade de paix auprès des cités grecques, parmi lesquelles Sparte. Durant la guerre, il perd son fils aîné Hector, tué de la main d'Achille. Anéanti et souhaitant récupérer la dépouille de son fils pour lui rendre les honneurs funéraires d'usage, il se rend dans le camp des Achéens au mépris de sa vie pour implorer Achille de lui rendre le corps de son fils, ce qu'il obtient. Durant la prise de Troie, il est tué dans son palais par Néoptolème, le fils d'Achille.

Hector, prince de Troie

Hector est le fils aîné du roi Priam et le frère du jeune Pâris. Il est le général en chef des armées de Troie et est en cela le pendant d'Agamemnon, lui-même chef des armées grecques.

Lors du siège de Troie, il tue Patrocle, qu'il a confondu avec Achille. Ce dernier, revenu au combat, tue le prince pour venger son ami. Après avoir attaché la dépouille d'Hector à son char, Achille la traîne sous les murs de Troie pour l'exhiber, puis la ramène dans le camp achéen, où Priam vient la réclamer.

Parangon de vertu, il est célébré comme un prince valeureux durant toute l'Antiquité ainsi que dans la littérature médiévale. Sa renommée en fait sans doute, avant même Achille, le véritable héros de l'épopée troyenne.

Pâris, prince de Troie

Pâris, né Alexandre, est le frère cadet d'Hector. Lorsqu'Hécube est sur le point de lui donner naissance, un présage funeste lui est fait : son enfant à naître causera la destruction de Troie. Terrifié, Priam l'abandonne sur le mont Ida, où il est recueilli par des bergers qui le renomment Pâris. Devenu adulte, il se fait connaître et devient prince de Troie. C'est à cause de lui et de sa volonté de ravir Hélène que la guerre éclate. Lors de la prise de Troie, il tue Achille avant de périr lui-même sous les flèches de Philoctète.

À l'opposé de son frère, la légende le décrit de manière peu flatteuse comme un homme à femmes et un couard.

LA GUERRE DE TROIE

LA COALITION DES ACHÉENS

Suite à l'enlèvement d'Hélène, Ménélas, roi de Sparte, se rend chez son frère Agamemnon pour lui demander son aide. Ne disposant pas des forces nécessaires pour monter à lui seul une expédition contre les Troyens, il envoie son conseiller Nestor en mission dans les cités grecques pour leur rappeler le serment fait à Tyndare. Au vu du rapt d'Hélène, chacun est tenu de rassembler ses troupes et de prêter main-forte à son époux, Ménélas. Nestor parcourt le Péloponnèse, l'Attique, les îles de la mer Égée et va même jusqu'en Crète auprès du roi Idoménée. Si toutes les forces grecques sont sollicitées, deux rois semblent particulièrement courtisés aux dires d'Homère : Ulysse et Achille.

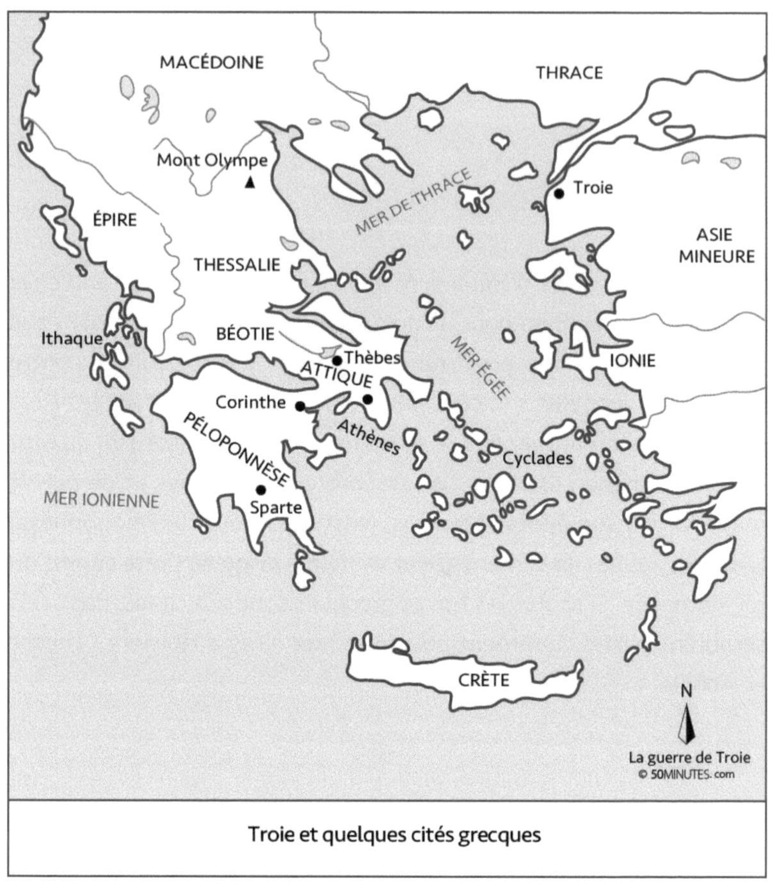

Troie et quelques cités grecques

Le premier vit dans un petit royaume prospère composé de quelques îles bien gérées. Ne souhaitant aucunement participer à la guerre qui se prépare alors qu'il a prêté serment à Tyndare, il cherche un subterfuge pour s'y soustraire. Il décide de simuler la folie en faisant mine de labourer un champ, en attelant conjointement un bœuf et un cheval et en semant des poignées de sel à la volée. Mais son ami Palamède ne se laisse pas abuser : il place Télémaque, le jeune fils d'Ulysse, devant l'attelage. Le roi fou va-t-il risquer d'écraser son fils ? Non ! Ulysse arrête immédiatement les bêtes : il est démasqué et doit par conséquent rejoindre la coalition.

Le devin Calchas ayant prédit que Troie ne pourrait tomber qu'avec l'aide d'Achille, Nestor et Ulysse, à présent ralliés, se rendent chez le roi des Myrmidons pour le convaincre de se joindre à eux. Sa mère, qui ne souhaitait pas qu'il prenne part à la guerre, l'avait caché chez Lycomède, roi de Skyros, en le déguisant en fille afin que personne ne le retrouve. Mais, par une ruse d'Ulysse, il est à son tour démasqué. Après négociation, Achille rejoint le camp achéen à la condition que les Myrmidons, guerriers d'élite dont il a le commandement, ne soient placés que sous sa seule autorité.

SPARTE ET LES SPARTIATES

Durant les guerres médiques (Ve siècle av. J.-C.) et la guerre du Péloponnèse (431-404 av. J.-C.), Sparte fait figure de puissance militaire prépondérante et redoutable, et ce jusqu'à la fin de l'époque classique (510-323 av. J.-C.), période au cours de laquelle elle refuse de participer à la campagne d'Alexandre le Grand (roi de Macédoine, 356-323 av. J.-C.).

Chaque citoyen peut rejoindre les hoplites s'il a entre 20 et 60 ans, à condition de n'exercer aucune autre activité et de s'y consacrer pleinement. Fantassins lourdement armés d'un bouclier, d'une lance et d'une épée courte, ils sont disciplinés et utilisés sur le terrain pour des manœuvres tactiques complexes, qui font leur réputation auprès des cités grecques. Selon Plutarque, ils « frappaient d'effroi leurs adversaires qui, même avec des forces égales, ne se croyaient pas capables de lutter sur un pied d'égalité » (PLUTARQUE, *Villes parallèles, Pélopidas* XVII, 12). Élevés dès l'enfance dans une discipline stricte, ils reçoivent une éducation réglée et spécifique, dont la renommée est parvenue jusqu'à nous au travers des siècles et est entrée dans le langage courant : « être élevé à la spartiate » signifie avoir reçu une éducation stricte, encadrée et de type militaire.

LES DEUX PREMIÈRES EXPÉDITIONS CONTRE TROIE

Selon les *Chants cypriens*, cycle troyen attribué à Stasinos de Chypre (probablement VIe siècle av. J.-C.), la flotte rassemblée par les Achéens durant les deux années qui suivent l'enlèvement d'Hélène, accoste en Mysie, au nord de Troie, près de la Propontide (aujourd'hui la mer de Marmara). Cette intrusion en Mysie soulève la colère de son roi Télèphe, qui leur envoie ses propres troupes. Mais, impressionné par la taille de cette flotte, il rend bien vite les armes. Les Achéens, ayant toutefois subi quelques pertes, repartent vers l'ouest. La guerre s'interrompt durant huit ans.

Après cette première tentative, les Achéens rassemblent une seconde flotte, cette fois à Aulis en Béotie, près de Thèbes. Mais la colère des dieux empêche Agamemnon de faire avancer ses vaisseaux. Le devin Calchas lance alors sa prophétie : les dieux s'opposeront à l'expédition grecque tant qu'Agamemnon n'aura pas sacrifié son bien le plus précieux, sa fille Iphigénie. L'atroce sacrifice est alors perpétré, ou évité de justesse selon les versions du mythe. Les vaisseaux libérés s'élancent alors vers l'Asie Mineure. Cette seconde expédition conduit les Achéens sur la plage de Troie, où ils affrontent Cycnos, le roi de Colone, réputé invincible. Achille le tue pourtant en l'étranglant, selon la plupart des textes, avec la jugulaire de son casque.

Le Sacrifice d'Iphigénie, tableau de Charles de La Fosse, 1680.

Les hautes murailles de Troie restent toutefois un rempart inexpugnable, derrière lequel l'armée troyenne reste précautionneusement retranchée. Ménélas et Ulysse s'y rendent en ambassade pour réclamer Hélène, mais la voie diplomatique échoue. Achille décide alors de piller le pays alentour en réduisant en cendres les côtes d'Anatolie, qui paient un tribut à Troie.

LA COLÈRE D'ACHILLE

Lors du siège de Lyrnessos, le temple d'Apollon est pillé et ses prêtresses emmenées comme esclaves : Agamemnon reçoit comme part du butin Chryséis, tandis qu'Achille remporte Briséis, dont il s'éprend. Contraint par les dieux de rendre Chryséis à son père, Agamemnon s'empare alors de Briséis. Achille, profondément offensé, entre dans une colère considérable. Il se retire dans sa tente et décide de ne pas reprendre le combat aux côtés des Achéens, et ce sous aucun prétexte. Depuis lors, à chaque sortie de l'armée de Priam, conduite par son fils Hector, les Achéens sont défaits. Pire encore, ils sont repoussés vers la plage et leurs vaisseaux sont sur le point d'être incendiés par l'armée troyenne. Ulysse envisage alors une dernière tentative auprès d'Achille pour le convaincre de reprendre les armes, car ses hommes sont essentiels pour soutenir les Achéens démoralisés.

Mais c'est à Patrocle que l'on doit le retour d'Achille sur le champ de bataille. Le jeune homme trépigne en effet d'impatience à l'idée de se battre et revêt les armes d'Achille, avec son accord ou non selon les textes, et engage la bataille à la tête des Myrmidons. Les Achéens reconnaissent l'armure d'Achille et repartent au combat, galvanisés. Dans la bataille, Hector, prince de Troie, croit reconnaître Achille et le tue. Très vite, il découvre la vérité : ce n'est pas Achille qu'il vient de combattre, mais bien Patrocle. Sa dépouille est alors reconduite au camp et ramenée à Achille. Désireux de se venger, il sort de sa tente et reprend le combat. Il affronte alors Hector en combat singulier sous les murs de Troie. Après une lutte acharnée entre les deux champions, Achille tue le prince troyen. Afin d'assouvir encore davantage sa vengeance, il attache le cadavre d'Hector à son char et le traîne sous les remparts de Troie. Puis, le ramenant au camp achéen, il le traîne à nouveau autour de la dépouille de Patrocle.

Les Funérailles de Patrocle, tableau de Jacques-Louis David, 1779.

Les Troyens sont horrifiés du sort réservé à leur prince et les dieux offensés qu'à l'encontre de tous les usages grecs un cadavre soit maltraité de cette façon. Priam, roi de Troie, se rend peu de temps après dans le camp ennemi pour supplier qu'on lui rende le corps de son fils. Cet épisode reste le plus émouvant de l'ensemble des récits troyens. Achille répond favorablement à la plainte douloureuse du vieillard anéanti : le corps d'Hector est ainsi ramené à Troie.

LE CHEVAL DE TROIE

Le conflit se trouve à présent dans une impasse, aucun des deux camps ne disposant des forces nécessaires pour l'emporter. C'est une fois encore Ulysse qui, par une ruse subtile, fait basculer le conflit en faveur de son camp, à moins que l'idée ne lui ait été soufflée par la déesse Athéna.

Les Achéens construisent un grand cheval de bois, entièrement creux, et le déposent sur la plage. Ils brûlent ensuite les restes de leur camp et embarquent sur leurs navires, faisant mine de battre en retraite. En réalité, ils cachent soigneusement leur flotte un peu plus loin, près de l'île de Ténédos et attendent le moment opportun pour réapparaître.

Les Troyens exultent, pensant qu'une fois encore leurs hautes murailles les ont préservés de leurs ennemis. Mais, en gagnant le rivage, ils découvrent un énorme cheval de bois et restent perplexes. Pourquoi les Achéens l'ont-ils construit ? Pourquoi l'ont-ils abandonné ? Certains pensent qu'il s'agit d'une offrande au dieu Poséidon, destinée à leur assurer un voyage de retour paisible sur les eaux de la mer Égée. D'autres songent plutôt à un présent destiné à Athéna. Plusieurs, enfin, prennent le parti de la méfiance : Laocoon, un autre fils du roi Priam, exhorte les Troyens : « En toutes circonstances, je crains les Grecs, même lorsqu'ils apportent des présents. » (VIRGILE, *L'Énéide*, II, 214). Car, après tout, ce cadeau n'est-il pas empoisonné ? Malgré les avis divergents, les Troyens acceptent le présent et décident de le conduire au temple d'Athéna, situé à l'intérieur de l'enceinte. Mais ce cheval est immense et ils doivent endommager la muraille pour l'introduire dans la cité. À diverses reprises, ils entendent des bruits provenant de l'intérieur de l'objet, mais n'y prêtent pas attention.

La Procession du cheval de Troie, tableau de Giovanni Domenico Tiepolo, 1773.

La ruse rend tous ses effets à la nuit tombée. En effet, des guerriers achéens, parmi lesquels se trouvent Ulysse, Ménélas et Néoptolème, le fils d'Achille, se sont discrètement cachés à l'intérieur du cheval. Étant parvenus à l'intérieur de la ville, au signal, ils s'extirpent du cheval et se répandent dans la cité, dont ils ouvrent les lourdes portes. Les Achéens tapis à l'extérieur peuvent alors entrer dans Troie.

LA FIN DE TROIE

Troie est alors pillée et saccagée. Partout, les combats font rage, et les Achéens incendient tout sur leur passage. Néoptolème tue le roi Priam dans son palais, près de l'autel de Zeus, ainsi que le fils d'Hector, Astyanax, avant de s'emparer d'Andromaque, aussitôt réduite en esclavage. La devineresse Cassandre, fille de Priam, se réfugie dans le temple d'Athéna et s'accroche à la statue de la déesse pour sauver sa vie. Ajax la traîne hors du temple et la viole. Épargnée par Agamemnon, qui s'en éprend, elle regagnera Mycènes avec lui. Enfin, Ménélas tue Déiphobe, l'un des fils de Priam, et reprend Hélène.

Déjà, un danger menace Achille. Sa mère n'a-t-elle pas prédit qu'il ne reviendrait pas vivant de cette expédition ? Son cheval Xanthos qui lui est apparu en songe ne lui a-t-il pas confié qu'il mourrait de la main d'un dieu ? Finalement, c'est Pâris qui, avec l'appui d'Apollon, décoche une flèche dans le talon ou la cuisse d'Achille et le tue. Il existe toutefois une autre source qui raconte que c'est Polyxène, la fille de Priam, qui serait à l'origine de la mort d'Achille : tombé amoureux d'elle, c'est en allant négocier sa main auprès de Priam qu'il tombe dans une embuscade, au cours de laquelle Priam lui décoche la flèche mortelle.

La Mort d'Achille, tableau de Rubens, 1600.

LE SAVIEZ-VOUS ?

Achille fait l'objet d'un culte héroïque et divin du Ve siècle av. J.-C. au Ier siècle apr. J.-C. D'abord cantonné à Achilléion, ville fondée sur le site où ses cendres ont été ensevelies, ce culte se répand progressivement dans toute la Grèce continentale, ainsi que dans diverses régions bordant la mer Égée, comme en Anatolie ou dans plusieurs îles des Cyclades.

Après le sac de la ville, Agamemnon et Ménélas se querellent :
le premier entend faire un sacrifice aux dieux, tandis que le second
souhaite rentrer sans attendre. Finalement, Ménélas repart rapide-
ment, pressé de ramener Hélène à Sparte. La lenteur de leur retour
en Grèce, long de huit ans, est une punition des dieux pour avoir
omis de leur rendre hommage après sa victoire.

$$\overline{\overline{\text{RÉPERCUSSIONS}}}$$

NAISSANCE D'UN NOUVEAU MYTHE

Achille n'est pas le seul à s'être vu décerner un culte suite à la guerre de Troie. En s'appuyant sur la légende troyenne et en perpétuant l'image de ses héros, le poète latin Virgile (70-19 av. J.-C.) raconte dans son *Énéide* les aventures d'un jeune Troyen, Énée, qui connaîtra lui aussi une immense renommée. Appartenant à la famille royale de Troie par son père Anchise et son épouse Créuse, la fille de Priam, Énée participe ardemment à la défense de la ville et combat avec vaillance après la mort d'Hector.

Lors de la prise de la ville, il s'enfuit en empoignant son fils Ascagne et en portant son père sur son dos. Il est d'abord reçu à Carthage par la reine Didon, puis dans le Latium (centre de l'actuelle Italie) par son roi Latinus, qui lui donne sa fille, Lavinia, en mariage. Les fondateurs de Rome, Rémus et Romulus seraient leurs descendants directs. De son côté, Ascagne édifie la cité d'Albe près de Rome.

Ainsi les Romains fondent-ils l'origine illustre de leur propre civilisation dans le creuset du mythe troyen en reconnaissant Énée comme leur père fondateur. Mieux encore, Jules César (100/101-44 av. J.-C.) appuiera son arrivée au pouvoir en revendiquant que sa famille, les Julii ou Iulii, est issue de la descendance mythique d'Ascagne, aussi appelée Iule.

HISTORIOGRAPHIE

Les sources qui nous racontent la guerre de Troie sont innombrables, mais de qualité et d'époques très différentes. Parmi elles, l'*Iliade* et l'*Odyssée* d'Homère demeurent les récits les plus anciens, même s'ils sont postérieurs de quatre siècles aux événements relatés. Aucun d'eux ne raconte toutefois la guerre de son commencement à sa fin.

L'ensemble des épopées dépeignant les faits qui se sont produits à Troie est couramment regroupé sous le nom de « cycle troyen ». Il ne forme cependant pas un tout uniforme, les contradictions y étant monnaie courante. Le cycle est complété par des récits plus tardifs comme *La Bibliothèque* d'Apollodore ou pseudo-Apollodore au IIe siècle av. J.-C., ou encore par *Les Fables* d'Hygin et l'*Énéide* de Virgile au Ier siècle de notre ère. Enfin, durant l'Antiquité tardive puis tout au long du Moyen Âge, des récits épiques, comme *La Prise de Troie* de Tryphiodore (IVe siècle) ou *Le Roman de Troie* de Benoît de Sainte-Maure (vers 1165) viennent renforcer une tradition qui dessine définitivement les contours de la guerre de Troie telle que nous la connaissons aujourd'hui.

TROIE ET LA VÉRITÉ ARCHÉOLOGIQUE

Les traces révélées par l'archéologie et les travaux entrepris par Heinrich Schliemann (archéologue allemand, 1822-1890) en 1871 puis par Ernst Pernicka (scientifique autrichien, né en 1950) depuis 2005 permettent d'affirmer qu'au moins neuf villes antiques se sont superposées sur le site pressenti de Troie, situé au sud du détroit des Dardanelles, dans l'actuelle Turquie. Une population est attestée à cet endroit dès le début du IIe millénaire av. J.-C. Les plaines céréalières des alentours et l'élevage des chevaux en font une cité prospère, commerçante et attractive.

Vers 1275 av. J.-C., la ville est détruite suite à un tremblement de terre, mais aussitôt reconstruite. Les traces observées sur le site permettent de déterminer que la dernière phase d'habitation est datée entre 1230 et 1180 av. J.-C., avant que les lieux ne soient totalement abandonnés. L'archéologie a donc permis de corroborer les récits de l'Antiquité décrivant Troie comme une cité puissante, possédant une enceinte défensive imposante. Le destin de cette ville nous est parvenu au travers des siècles, transformé et transfiguré au travers du prisme des légendes épiques.

EN RÉSUMÉ

- Mythe relaté par de nombreuses épopées, dont l'*Iliade* d'Homère reste la référence, la guerre de Troie oppose, durant dix années, les Achéens aux Troyens.

- Son déclenchement est dû à l'enlèvement d'Hélène, mariée à Ménélas, par Pâris lors d'une visite à Sparte.

- Désireux de se venger de l'outrage commis, le roi de Sparte rappelle à tous les souverains des cités grecques le serment de Tyndare qui les lie. Celui-ci les contraint en effet d'apporter leur secours à l'époux d'Hélène si celle-ci venait à être enlevée. Une flotte considérable regroupant toutes les forces achéennes est alors rassemblée sous la bannière d'Agamemnon, roi de Mycènes et frère de Ménélas.

- Deux expéditions contre Troie sont conduites par les Achéens. Achille, guerrier redoutable et demi-dieu invincible, est la clé qui offre la victoire aux Grecs. Après s'être retiré du combat, il revient sur le champ de bataille pour venger la mort de son ami Patrocle et tue Hector, prince de Troie et chef de l'armée troyenne.

- Les murailles de la ville protègent toutefois toujours les Troyens. Ulysse a alors l'idée de construire un cheval de bois dans lequel les guerriers achéens se cachent. Il est ensuite introduit dans la ville. Suite à cette ruse, Troie est prise et saccagée.

- Durant les combats, Priam est assassiné et sa descendance exterminée. Achille est mortellement touché au talon par une flèche de Pâris. Le jeune Énée s'enfuit en emportant avec lui l'espoir de faire renaître Troie ailleurs et s'installe dans le royaume du Latium. C'est dans cette région que ses descendants, Romulus et Rémus, fonderont la puissante Rome.

POUR ALLER PLUS LOIN

SOURCES BIBLIOGRAPHIQUES

- APOLLODORE, *La Bibliothèque*, traduit par Paul Schubert, Neuchâtel, Éditions L'Aire, 2003.
- HOMÈRE, *L'Iliade*, traduit par Jean-Louis Backès, Paris, Gallimard, 2013.
- HOMÈRE, *L'Odyssée*, traduit par Mario Meunier, Paris, Union latine d'éditions, 1943.
- MOSSÉ (Claude), « La Guerre de Troie a-t-elle eu lieu ? », in *L'Histoire*, n° 104, 1987.
- VERNANT (Jean-Pierre), *L'Univers, les dieux, les hommes. Récits grecs des origines*, Paris, Seuil, 1999.
- VIRGILE, *L'Énéide*, traduit par Jacques Perret, Paris, Les Belles Lettres, 2002.

SOURCES ICONOGRAPHIQUES

- *Le Jugement de Pâris*, tableau de Rubens, 1632-1635.
- *L'Enlèvement d'Hélène*, tableau de Guido Reni, 1626.1629.
- *Le Sacrifice d'Iphigénie*, tableau de Charles de La Fosse, 1680.
- *Les Funérailles de Patrocle*, tableau de Jacques-Louis David, 1779.
- *La Procession du cheval de Troie*, tableau de Giovanni Domenico Tiepolo, 1773.
- *La Mort d'Achille*, tableau de Rubens, 1600.

LITTÉRATURE

- EURIPIDE, *Les Troyennes. Tragédie*, 415 av. J.-C.
- EURIPIDE, *Hélène. Tragédie*, 412 av. J.-C.
- EURIPIDE, *Iphigénie à Aulis. Tragédie*, 406 av. J.-C.

- Garnier (Robert), *La Troade. Tragédie*, 1579.
- Racine (Jean), *Andromaque. Tragédie*, 1667.
- Racine (Jean), *Iphigénie. Tragédie*, 1674.
- Giraudoux (Jean), *La guerre de Troie n'aura pas lieu*, 1935.

ADAPTATIONS

- *Hélène de Troie*, film de Robert Wise, avec Rossana Podesta et Robert Douglas, États-Unis, Italie, 1955.
- *Troie*, film de Wolfgang Petersen, avec Brad Pitt, Diane Kruger et Orlando Bloom, États-Unis, 2004.

50MINUTES

SOYEZ LÀ
OÙ ON NE VOUS ATTEND PAS !

www.50minutes.com

www.50minutes.com

Éditeur responsable : Lemaitre Publishing
Rue Lemaitre 6 | BE-5000 Namur
info@lemaitre-editions.com

ISBN ebook : 978-2-8062-6698-9
ISBN papier : 978-2-8062-6699-6
Dépôt légal : D/2015/12603/303
Photo de couverture : © Erica Guilane-Nachez.

Conception numérique : Primento,
le partenaire numérique des éditeurs